AF220214

So lebt Valencia

Der perfekte Reiseführer für einen unvergesslichen Aufenthalt in Valencia - inkl. Insider-Tipps

Sandra Wallenstein

Alle Ratschläge in diesem Buch wurden sorgfältig erwogen und geprüft. Eine Garantie kann dennoch nicht übernommen werden. Eine Haftung des Autors beziehungsweise des Verlags für jegliche Personen-, Sach- und Vermögensschäden ist daher ausgeschlossen.

INHALT

Das erwartet Sie in diesem Buch

In diesem Buch werden Sie die Stadt Valencia besser kennenlernen und sich mit der Stadt vertraut machen. Möchten Sie sicherstellen, dass eine Großstadt nicht unbedingt eine laute und unruhige Stadt sein muss und dass reife Orangen direkt auf der Straße gepflückt werden können?

Valencia ist nicht nur eine Stadt, sondern die Hauptstadt der gleichnamigen autonomen Gemeinschaft im Osten Spaniens. Mit 800.000 Einwohnern ist sie die drittgrößte Stadt des Landes.

Es wird angenommen, dass Valencia für diejenigen geeignet ist, die sich im hektischen Tempo riesiger Städte unwohl fühlen und sich gleichzeitig in kleinen Dörfern langweilen. Das ist eine Stadt mit vielen Möglichkeiten, entwickelter Infrastruktur, großartigen Schulen und Universitäten, berühmten Galerien für moderne Kunst und vielen historischen Sehenswürdigkeiten. Gleichzeitig glauben viele, dass das Leben in Valencia viel lebenswerter als in Madrid und Barcelona ist, weil es dort weniger Verkehr und Touristen gibt. Valencia verfügt über hunderte Kilometer Radwege und das gut ausgebaute öffentliche Verkehrsnetz der Stadt ist in ganz Europa bekannt. Valencia ist gut für Menschen geeignet, die die Sonne lieben und das Meer, aber gleichzeitig auch eine moderne Stadt besuchen wollen.

Die Stadt Valencia

Sonne, Strand, eine wunderschöne Innenstadt und Palmen – das ist Valencia, aber alles der Reihe nach. Wenn Sie es noch nicht wussten: Valencia ist mit fast 800.000 Einwohnern die drittgrößte Stadt Spaniens und liegt an der Mittelmeerküste. Der Hauptteil der Einwohner sind Spanier, aber im Allgemeinen findet man in der Stadt ebenfalls unzählige unterschiedliche Kulturen. Seit 2017 sind 140 Nationalitäten in Valencia registriert. Etwa 12 % der Bevölkerung von Valencia haben eine ausländische Staatsbürgerschaft. Der dritte Teil (31,4 %) dieser Personen sind Bürger verschiedener Länder der

Europäischen Union. Wenn wir über die am meisten verbreiteten Nationalitäten in Spanien sprechen, dann sind die Rumänen, Italiener und Chinesen in Valencia am weitesten verbreitet.

Jährlich kommen Touristen aus aller Welt nach Valencia, um spanische Gerichte und Traditionen oder auch das gute Wetter und die Zeit am Strand zu genießen. Valencia ist die Provinzhauptstadt und hat einen eigenen Hafen, Flughafen und besitzt ein Netz aus öffentlichen Verkehrsmitteln. Die Stadt ist sowohl für Familien, Paare, aber auch Alleinreisende geeignet.

Wenn Sie sich Ihren Urlaub eher ruhiger vorstellen, gibt es viele Museen, kleine Cafés und verschiedene Freizeitaktivitäten, die für Sie infrage kommen würden. Für diejenigen unter Ihnen, die genau nach dem Gegenteil auf der Suche sind, gibt es unzählige Möglichkeiten, Ihren Urlaub in Valencia zu gestalten. Valencia befindet sich in der mediterranen Klimazone, hier regnet es praktisch nicht, kleine Niederschläge fallen nur zu Beginn des Frühlings und Herbstes, die Luft in Valencia ist immer feucht und warm. Es ist weicher als im schwülen Andalusien und ideal für Familien mit Kindern. Die Badesaison in Valencia dauert von

Mai bis Oktober. Die Wassertemperatur beträgt zu diesem Zeitpunkt + 23 bis 25 Grad. Ab Mitte Oktober fängt es dann an zu regnen, im Herbst gibt es aber nicht mehr so viele Touristen und es wird möglich, die Sehenswürdigkeiten in Ruhe und mit Gelassenheit zu besichtigen.

Den Sehenswürdigkeiten von Valencia sollte besondere Aufmerksamkeit geschenkt werden. Valencias Strände gelten als eine der wichtigsten und sehenswertesten Sehenswürdigkeiten der Stadt. Am beliebtesten sind die Strände direkt an der Küste, es gibt immer viele Menschen und viel Unterhaltung. Volleyball-Spiele direkt am Strand, Cocktails, feiner und sehr weicher Sand, einen Beach-Club und das waren längst noch nicht alle. Für diejenigen, die eine Pause vom Stadtlärm brauchen, da die Stände doch recht nah an der Stadt sind, sind die Strände der Costa del Azahara, besser geeignet.

Eine der schönsten Plätze der Stadt Valencia ist der Stadtpark „Jardines del Real", der sich direkt an der Küste von Turia befindet. Dort wachsen viele Pflanzen von erstaunlicher Schönheit, darunter auch sehr seltene. Darüber hinaus ist der Park mit Statuen, Springbrunnen, Säulen und

Wasserfällen geschmückt. In diesem Bereich befinden sich auch das Museum für Naturkunde und der Biologische Garten. Das schöne Valencia hat etwas, was die Gäste immer wieder überrascht, deshalb bleibt die Stadt immer positiv in den Erinnerungen. Auch nach nur einem Wochenende in der Stadt werden Sie viele Eindrücke sammeln. Wenn Sie hier ankommen, werden Sie noch einer kurzen Zeit dem spanischen Sprichwort zustimmen, das besagt: „Das Leben ist zum Vergnügen geschaffen, nicht zum Leiden".

Die Stadt ist insgesamt in 19 Stadtteile aufgeteilt, die bekanntesten sind darunter Ciutat Vella, Eixample, Pla del Real und Problats Marítims. Die touristischste Gegend von Valencia ist das Stadtzentrum, der Hauptplatz ist die Plaza de la Reina. Hier gibt es sehr prächtige historische Gebäude, zum Beispiel die Hauptpost. Die meisten Ausflüge in Valencia starten in der Altstadt. Hier sind drei Stadtteile, die am häufigsten von Touristen besucht werden, auch Sie sollten sich diese Gegenden nicht entgehen lassen.

Das historische Zentrum der Stadt, das Viertel Ciutat Vella, umfasst insgesamt 6 Viertel – El Carmen, El Pilar, La Seu, La Xerea, El Mercat, Sant

Francesc. In der Altstadt, die zu Fuß erreichbar ist, befinden sich die wichtigsten historischen und kulturellen Sehenswürdigkeiten Valencias, viele Hotels, unzählige Restaurants und Cafés sowie Verwaltungsgebäude. Es ist immer laut, lebendig und voll dort. Die Gegend ist dementsprechend unter Touristen sehr beliebt, unter anderem gibt es da viele enge Gassen und alte Häuser. Wenn Sie gern im Mittelpunkt des Geschehens stehen und sich keine Sorgen um das Parken machen, sind Sie in dieser Gegend richtig.

Als Nächstes möchte ich Ihnen das Stadtgebiet El Pla del Real mit den Vierteln Rei Jaume, Ciutat Universitària, Exposició und Mestalla vorstellen, das an die Altstadt grenzt. Das Gebiet ist durch Gebäude vertreten, die hauptsächlich im 19. und frühen 20. Jahrhundert errichtet wurden. Eine schöne und ziemlich teure Gegend, hier stehen Häuser und Hotels, mit einem Blick auf den Königlichen Park und den Turia-Park. Dort befinden sich auch die Universität von Valencia sowie das berühmte Mestaia-Stadion.

Las Arenas ist der Stadtstrand von Valencia, nördlich des Jachthafens, und El Cabanal ist die Gegend neben dem Strand. Im Großen und Ganzen sind dort Wohngebiete, die nicht zu überfüllt mit Touristen sind, manche Gebäude sind dort im modernen Stil gebaut, aber die können Sie an der Hand abzählen. In dieser Gegend können Sie mit Ihren eigenen Augen sehen, wie die durchschnittlichen Spanier leben, und traditionelle Gerichte in authentischen Restaurants probieren.

Nicht weit entfernt befindet sich der Jachthafen. Der valencianische Jachthafen befindet sich neben dem Stadtstrand von Las Arenas und ist ein Küstengebiet, in dem Sie die zahlreichen luxuriösen Jachten bewundern können. Marina liegt nur wenige Kilometer vom Zentrum entfernt und kann leicht mit U-Bahn und Straßenbahn erreicht werden.

Wann ist die beste Reisezeit für Spanien?

Wenn Sie sich fragen, wann Sie am besten nach Valencia reisen sollen, kann ich Ihnen eins sagen – jede Jahreszeit hat ihre eigenen Vorteile, Nachteile gibt es nicht. Doch wenn Sie planen, am Meer und am Strand viel Zeit zu verbringen und vor allem baden zu gehen, dann ist die Zeit von Mai bis einschließlich September am besten. Im ganzen Königreich lädt das Wetter zum Schwimmen im Meer und zum Sonnenbaden ein, der Touristenstrom in dieser Zeit ist am intensivsten und die Programme der lokalen Reiseleiter am umfangreichsten.

Am günstigsten ist es, im April/Mai und September/Oktober einen Urlaub in Spanien zu machen, wenn der Touristenstrom gering ist und viele Hotels Rabatte auf Unterkünfte anbieten und Reiseveranstalter Rabatte auf viele Touren.

Wenn im Frühjahr in Spanien das Schwimmen im Meer höchstwahrscheinlich nicht funktioniert, dann aber auf jeden Fall im Herbst. Die Stadt Valencia lebt mit einem mediterranen Klima, das es den Einheimischen ermöglicht, warme und trockene Sommer und milde und feuchte Winter zu genießen. Wenn wir Valencia als Ferienort an der Küste betrachten, können Sie von März bis Oktober hierherkommen. Um diese Zeit ist es hier recht warm und im Hochsommer sogar heiß.

Die Lufttemperatur im Juni/August steigt auf 28 – 30 °C und das Wasser im Mittelmeer erwärmt sich auf 19 bis 20 °C. Um am Fallas-Festival teilzunehmen oder um das Festival zu besuchen, müssen Sie vom 1. bis 19. März nach Valencia kommen, wenn sich die ganze Stadt in einen hellen Feiertag verwandelt, aber dazu etwas später mehr. Nicht weniger interessant wird ein Besuch beim Stierkampf sein, dessen Saison erst am 19. März beginnt. Ein weiterer Fronleichnams-Kostümumzug findet Anfang Juni statt und zieht ebenfalls viele Touristen an. Am 9. Oktober können Sie in Valencia einen ungewöhnlichen Valentinstag feiern, aber dafür müssen Sie bereit sein, den Standard-Valentinstag aufzugeben und einen originellen Strauß Marzipan-Bonbons als Geschenk zu bekommen. Und für Reisende, die Rabatte und Sonderangebote lieben, ist die zweite Januarwoche oder Ende Januar die ideale Zeit, um nach Valencia zu kommen. Die unschlagbaren Preise werden in den Boutiquen der Stadt etwa einen Monat lang gehalten.

Anreise und Verkehrsanbindungen

Wenn Sie sich gefragt haben, wie man am besten nach Valencia kommt, dann kann ich Ihnen sagen, dass der einfachste und schnellste Weg mit dem Flugzeug ist. Der Flughafen wird von Fluggesellschaften wie zum Beispiel Air France, Air Nostrum, Lufthansa, Ryanair, Swiss und Eurowings täglich angeflogen. Wenn Sie sich aber dazu entscheiden, nicht zu fliegen, können Sie die Stadt auch auf dem Seeweg oder dem Landweg erreichen. Da die Stadt sehr gut mit anderen wichtigsten Städten von Europa und Spanien vernetzt ist, wird es für Sie kein Problem sein, die Stadt aus allen Ecken Europas zu erreichen. Wenn Sie in Valencia ankommen, können Sie entweder sich ein Taxi nehmen oder die öffentlichen Verkehrsmittel. Die öffentlichen Verkehrsmittel sind definitiv günstiger. Mit dem Bus oder mit der U-Bahn kommen Sie innerhalb von 25 bis 30 Minuten in die Innenstadt und die Preise sind deutlich günstiger als eine Taxifahrt.

Die Metro

Hauptsächlich nutzen die Menschen in Valencia die Metro. Das ist kein Wunder, denn mit der können Sie alle Stadtteile und Sehenswürdigkeiten leicht erreichen. Um vom Flughafen in die Stadt zu kommen, müssen Sie die Linie drei oder fünf nehmen. Die U-Bahn und Straßenbahnen werden von dem Unternehmen „Metrovalencia" betrieben und haben insgesamt neun Linien. Das Gute an der Metro ist, dass alle Linien miteinander und auch mit den Bussen verbunden und kombinierbar sind.

Ein Tipp für Sie: Besorgen Sie sich einen Metro-Plan, den können Sie am Flughafen, in einem Kiosk oder einer Touristeninformation bekommen. Dazu gibt es noch eine Fahrplan-App – „Metrovalencia official". Die App zeigt Ihnen, wie Sie zu Ihrem Ziel kommen und welche Linien für Sie infrage kommen. Ein Ticket pro Fahrt kostet 1,50 €, aber seien Sie sich bitte bewusst, dass die Fahrkarte an sich auch 1 € extra kostet. Insgesamt bezahlen Sie für eine Fahrt 2,50 €, die Fahrkarte ist aber aufladbar, das heißt, Sie müssen sich nicht jedes Mal eine neue holen, sondern können die gekaufte immer wieder mit Fahrten aufladen.

Die Fahrkarten kaufen Sie vor dem Eingang zur Metro. Ohne die Karte werden Sie nicht reingelassen, da sie erst von einem Automaten beim Eingang abgelesen werden muss. Beachten Sie bitte, dass der Ausgang aus der Metro auch nicht so einfach ist, wie wir es gewohnt sind. Schmeißen Sie deshalb die Fahrkarten nicht weg. Einige von Ihnen sind wahrscheinlich selbst schon draufgekommen, aber die Fahrkarte muss auch an einem Automaten beim Ausgang abgelesen werden, erst dann werden Sie rausgelassen. Machen Sie sich aber keine Sorgen, es hört sich viel komplizierter an, als es eigentlich ist. Wenn Sie Schwierigkeiten mit dem Terminal haben, gibt es Mitarbeiter an den Stationen, die Ihnen helfen werden. Außerdem sind an einigen Haltestellen die üblichen Fahrkartenschalter geöffnet. Die valencianische U-Bahn ist von 05:00 bis 00:00 Uhr geöffnet, der Fahrplan kann jedoch je nach gewünschter Linie, Station und Wochentag variieren. Aktuelle Informationen finden Sie auf der offiziellen Website, die auch eine englische Version hat.

Die Fahrpreise hängen von der Entfernung ab, die der Passagier zurücklegen muss. Der Ticketpreis für vier Zonen beträgt 3,90, Hin- und Rückfahrt 7,40 Euro. Wenn Sie viel mit der Metro reisen möchten, kaufen Sie sich am besten eine Fahrkarte für 10 Fahrten, die günstigste Variante kostet 7,20 Euro. Sie heißt Bono Metro, läuft nicht ab und gibt Ihnen die Möglichkeit, zu jeder Station in Zone A zu gelangen. Es werden auch Abonnementkarten für mehrere Tage, einen Monat oder ein Jahr verkauft. Kinder unter 10 Jahren, die in Begleitung eines Erwachsenen reisen, zahlen nichts. Dazu reicht es aus, Dokumente vorzulegen, aus denen das Alter der Kinder hervorgeht.

Busse in Valencia

Die Busse sind auch ein beliebtes Fortbewegungsmittel, werden aber hauptsächlich nur für längere Fahrten von den Menschen benutzt. Der Busverkehr in Valencia wird von „EMT Valencia" durchgeführt. Die Busse sind alle neu, im guten Zustand, mit Klimaanlage und Haltestellenansagen. Das Streckennetz ist wesentlich umfangreicher als die U-Bahn, die Fahrten dauern aber dafür umso länger. Direkt in der Altstadt zum Beispiel ist das Bahnfahren neben Taxis, das einzige Verkehrsmittel.

Auch hier verrate ich Ihnen die Preise für die Fahrkarten: Eine Einzelfahrt kostet 1,50 Euro. Dann gibt es aber noch das sogenannte „Bonobús" – ein 10-Fahrten-Pass für 8,50 Euro. Dieser Pass ist jedoch nur im Busnetz gültig, ohne Umsteigen in die U-Bahn. Innerhalb von 1 Stunde, sind unbegrenzte Bustransfers erlaubt. Wie bei der U-Bahn müssen Sie zum Aufladen des Fahrpreises eine Plastikkarte für 2 € kaufen. Kartonkarten für 1 € wie in der Metro sind in Bussen nicht erhältlich. Die Tickets bekommen Sie an jedem Kiosk, aber auch an jeder Touristeninformation. Für die Touristen ist die Linie 5 am wichtigsten, denn mit der kommen Sie in die Innenstadt und ins historische Zentrum. Alle Busse fahren mehrmals stündlich, zwischen 4:00 Uhr morgens und 22:30. Zwischen 22:30 bis 2:00 Uhr fahren die Nachtlinien. Im Sommer werden mehrere Fahrten am Tag direkt zum Strand angeboten, sodass Sie leicht zum Meer kommen.

Fahrrad als Fortbewegungsmittel

Radfahren ist eins der bequemsten und beliebtesten Transportmittel in der Stadt unter Touristen. Der Fahrradverleih „Valenbi Si" ist in der ganzen Stadt mit 275 Stationen und 2.750 Fahrrädern tätig. Das Fahrradverleihsystem ist recht einfach und kann auch von einem Touristen ohne große Reiseerfahrung sehr leicht gehandhabt werden. Für Touristen eignet sich eine kurzzeitige ValenbiSi-Karte, mit der Sie Fahrräder für 7 Tage mieten können. Die Bezahlung der Karte erfolgt an den dazugehörigen Automaten an den Stationen. Bezahlen können Sie nur mit einer Bankkarte, die ersten 30 Minuten der Fahrt sind kostenlos. Kosten von 30 bis 60 Minuten betragen ungefähr 1 Euro, alle weiteren 60 Minuten 3 Euro. Am Ende können Sie das Fahrrad auf einem der Parkplätze abstellen und Ihre Fahrt beenden. Wenn Sie das Fahrrad zum Parkplatz zurückbringen, müssen Sie dem Schloss folgen – wenn es nicht vollständig befestigt ist, werden die Minuten für Sie weitergezählt, deshalb schauen Sie bitte genau hin, um sich unnötig ausgegebene Euros zu ersparen.

Sehens-
würdigkeiten

Wenn ich sage, dass die Stadt wirklich sehr viel zu bieten hat, dann ist da was Wahres dran. Valencia ist reich an Sehenswürdigkeiten und Orten, die Sie auf jeden Fall besuchen müssen, wenn Sie da sind. Wenn Sie sich für einen Städtetrip entscheiden, werden Sie eine unvergessliche Zeit verbringen. Haben Sie gewusst, dass die Stadt mehr als 20 verschiedene Sehenswürdigkeiten hat? Ich werde die bekanntesten und besten vorstellen, damit Sie eine bessere Vorstellung von der Stadt bekommen.

SANDRA WALLENSTEIN

CIUTAT DE LES ARTS I LES CIÈNCIES

Die Stadt der Wissenschaften und Künste in der Stadt Valencia ist der größte architektonische und kulturelle Komplex in Spanien. Die Idee des Projekts war es, den Besuchern alle Facetten der Natur zu zeigen. Der Ort des Wissenschaftsmuseums ist das Zentrum der Wissenschaft und ist für jedes Alter gut geeignet. Dank der Stadt der Wissenschaften und Künste wurde Valencia zu einem beliebten und bedeutenden Ort. Die Stadt der Wissenschaft und Kunst besteht aus insgesamt 6 Gebäuden und einer grandiosen Brücke. Das Erscheinungsbild erinnert an majestätische Gebäude aus der Zukunft und erweckt sofort den Willen, den Komplex zu besuchen.

Es gibt mehrere Möglichkeiten, um in die Stadt der Wissenschaften und Künste in Valencia zu gelangen, die gängigste ist – nehmen Sie die U-Bahn der dritten oder der fünften Linie und steigen Sie bei der U-Bahnstation Alameda aus. Von dort brauchen Sie 10 Minuten zu Fuß. Diejenigen, die sich mit dem Auto in der Stadt fortbewegen, können ihre Fahrzeuge auf einem großen Parkplatz auf dem Gelände des Komplexes abstellen. Die ungewöhnliche Architektur der Gebäude repräsentiert einen avantgardistischen Stil und jedes sieht völlig anders aus, fügt sich aber perfekt in die Gesamtkomposition ein.

Wenn Sie den Park betreten, vergessen Sie nicht, Horchata zu probieren, ein traditionelles Erfrischungsgetränk aus gemahlenen Mandeln.

Am Eingang der Stadt der Wissenschaften und Künste ist auf einem speziellen Stand ein detaillierter Kartenplan mit allen nötigen Informationen zu der Orientierung in der Anlage installiert. Eins der sechs Gebäude ist das bekannteste Planetarium und Kino L'Hemisfèric.

PLANETARIUM UND KINO L'HEMISFÈRIC

Ein erstaunliches Gebäude in Form eines Auges oder einer Halbkugel zieht mit seiner Fläche von 13.000 Quadratmetern die Aufmerksamkeit sowohl von Touristen als auch Menschen, die ihr ganzes Leben in Valencia leben, auf sich. Das Gebäude befindet sich neben dem Pool, in dem die Wasseroberfläche sich fantasievoll spiegelt. Im

Inneren befindet sich ein Planetarium mit moderner Digitaltechnik und Projektoren, wo Sie elektronische Bilder von kosmischen Körpern sehen können. Im Gebäude werden verschiedene Arten von Programmen präsentiert: eine Lasershow, Filme mit 3D-Effekt und das Planetarium selbst.

Alle Menschen auf der ganzen Welt, vielleicht auch Sie, interessieren sich für alles Unbekannte und Mysteriöse, und würden gern mehr über unsere Galaxie erfahren. Dank dieser Gebäudeform wird eine Karte des Sternenhimmels und aller darauf ablaufenden Prozesse sehr realistisch dargestellt, sodass Sie von der fast realistischen Darstellung fasziniert sein werden.

Nachdem, was man im Planetarium gesehen hat, hat man das Gefühl, dass man selbst gerade von einer Weltraumreise zurückgekehrt ist. Es ist auf jeden Fall ein unvergessliches Erlebnis! Die Filme im Kino können in drei verschiedenen Systemen gezeigt werden: IMAX, OMNIMAX, 3D DIMENSIONES. Nachdem Sie einen der hier vorgestellten Filme gesehen haben, werden Sie sie alle sehen wollen. Es gibt verschiedene Arten von Filmen, die zur Auswahl stehen, alles zwischen Dokumentationen und Unterhaltung ist dabei. Das

Kino ist mit dem modernsten und genauesten Filmprojektor und der Saal mit einem 6-Kanal-Sonics-Stereosystem ausgestattet. Außerdem verfügt der Saal über ein speziell entwickeltes Design, das den 3D-Effekt deutlich verstärkt.

PRINZ FELIPE WISSENSCHAFTS-MUSEUM

Das Prinz-Felipe-Museum, El Museu de les Ciències Príncipe Felipe, ist der Wissenschaft, Technologie und unserer Umwelt gewidmet. Auf einer Fläche von ca. 30.000 qm befinden sich auf 3 Stockwerken des Gebäudes Ausstellungs- und Demonstrationsexponate. Es gibt sowohl Dauer- als auch Wechselausstellungen. Die meisten Ausstellungen von Objekten im Museum für Wissenschaft und Technologie von Valencia finden in einem interaktiven Format statt, in Auditorien, offenen und geschlossenen Terrassen, die für zahlreiche Seminare und Konferenzen genutzt werden. Hier werden auch verschiedene kulturelle Veranstaltungen der Stadt organisiert.

L'OCEANOGRÀFIC

Der ozeanografische Park von Valencia ist das größte Indoor-Aquarium in Spanien und Europa und befindet sich im östlichen Teil der Stadt. Der von den Architekten Felix Candela und José María Thomas Lavador entworfene Park wird von „Avanqua" verwaltet. Auf einer Fläche von 110.000 Quadratmetern, mit einem Gesamtwasservolumen in allen Aquarien von 42 Millionen Litern, leben Vertreter verschiedener Meeresökosysteme. Das Aquarium öffnete am 14. Februar 2003 seine Türen für Besucher zum allerersten Mal. Es hat 45.000 Einwohner der Unterwasserwelt.

Hier können Sie Säugetiere, Reptilien, Fische, Wirbellose und Vögel besuchen. Der Park ist in 10 Zonen unterteilt, von denen jede ein bestimmtes natürliches Ökosystem darstellt. Dazu gehören Säugetiere des Mittelmeers, der tropischen Meere, der Polarmeere der Arktis und Antarktis und des Roten Meeres. Außerdem verfügt der Park über ein in Betrieb befindliches Delfinarium, eine Zone mit Mangrovenwäldern, Sumpfland und einen Garten mit mehr als 80 Pflanzenarten. Der erstaunliche Park beeindruckt durch seine Fläche, kompetente Einteilung in Zonen und Gesamtharmonie.

Der Park von Valencia bietet Ihnen zusätzliche Dienstleistungen, die einen engeren Kontakt mit Delfinen und anderen Lebewesen beinhalten. Sie können ganz persönlich die Neugier und die Freundlichkeit der Delfine bei einer eintägigen Trainingseinheit erleben. Das Programm beinhaltet Aktivitäten, wie zum Beispiel Schwimmen und Spielen mit Delfinen im Wasser. Am Ende des Kurses wird Ihnen ein Zertifikat über den Abschluss des Erstkurses ausgestellt. Ein weiteres spannendes Erlebnis wartet auch schon auf Sie: Für die ganz Mutigen unter Ihnen ist Tauchen mit Haien ein unvergessliches Erlebnis. Tauchen mit einem Tauchlehrer, im größten Aquarium Europas und das noch mit Haien, kostet 290 Euro pro Person. Der Preis beinhaltet die Schulung, ein Zertifikat über den erfolgreichen Abschluss und ein Video des Tauchgangs.

MARKTHALLE –
MERCATOR CENTRAL

Der Zentralmarkt von Valencia, „Mercado Central de Valencia", ist ein einzigartiger Ort, an dem Sie gotische Architektur mit leuchtenden Farben bewundern können. Außerdem kommen Sie nicht um die verführerischen Gerüche von Produkten herum. Es ist nicht verwunderlich, dass dieser Markt dank der Schönheit und Eleganz seiner Architektur und dem Design in die Liste der Gebäude aufgenommen wurde, die das nationale Erbe von Valencia ausmachen. Das Gebäude von Mercado Central de Valencia, einer der größten Lebensmittelmärkte Europas, wurde auf dem Gelände offener Einkaufspassagen errichtet.

Die Architekten Alejandro Soler und Francisco Guardia haben ihre Aufgabe hervorragend gelöst – ein Gebäude mit außergewöhnlicher Schönheit im Stadtzentrum zu errichten, funktional und elegant zugleich. Eine riesige Glaskuppel in der Mitte des Gebäudes, edle Verzierungen, Keramikfliesen und Buntglasfenster haben das Zentralmarktgebäude zu einem der farbenfrohsten Orte der Stadt gemacht. Das Gebäude, das Sie bewundern sollten, wurde 1928 gebaut, aber der Markt selbst existiert an diesem Ort seit mehr als 800 Jahren und versammelt jeden Morgen eine große Anzahl von Käufern, die auf der Suche nach frischen Produkten von bester Qualität sind.

Dieser Markt ist besonders beliebt bei Touristen, die ihn besuchen, um gastronomische Neuheiten zu entdecken und die traditionellen und einheimischen Produkte verschiedener spanischer Orte zu probieren. Bevor Sie die Markthalle betreten, bleiben Sie unbedingt kurz stehen. Wenn Sie nach oben schauen, werden Sie eine riesige Glaskuppel sehen, die von 28 Wasserspeiern (Gárgolas) bewacht wird. Ich möchte aber anmerken, dass die Kuppel oder die „Gárgolas" keine Symbole des Marktes sind, diese Rolle wird seit Jahren von einem Papagei übernommen, der auf dem höchsten Teil der Kuppel sitzt.

BIOPARK VALENCIA – ZOO

Der Biopark in der Stadt Valencia ist der schönste Zoo Spaniens und liegt an der Mittelmeerküste im westlichen Teil des Stadtparks Turia. Der Biopark gilt als einer der größten in Europa. Unter den Bedingungen eines nachgebildeten Tier- und Pflanzenökosystems, leben Tausende von Säugetieren, Vögeln und Fischen in der Nachbarschaft. Ein Kind jedes Alters und ein Erwachsener werden von dem, was sie hier sehen, begeistert sein. Diese erstaunlich natürliche Insel, mitten in der Stadt, sollte von jedem besucht werden!

Auf seinem Territorium sind zahlreiche Wildtierarten des afrikanischen Kontinents vertreten, die friedlich im Park unter guten Bedingungen leben, die ihrem natürlichen Lebensraum nahekommen. Erstaunlich ist der Zoo auch deshalb, weil er sich nicht irgendwo in der Nähe der Stadt, sondern direkt in der Stadt befindet. Der Park wurde am 27. Februar 2008 gegründet und ersetzte den Zoologischen Park Viveros de Valencia, der von 1965 bis 2007 an der Stelle des jetzigen Parks betrieben wurde.

Der neue Biopark ist Teil der valencianischen Gemeinde, wird aber von der privaten Firma „Rain Forest Valencia" verwaltet. Sie entwickelte auch das berühmte Design des Zoos, das das Leben der Bewohner darstellt. Die Organisation der Gehege ist bis ins kleinste Detail durchdacht. Dort sind

zuverlässige Zäune, die für die Sicherheit der Zoo-
besucher sorgen, und gleichzeitig Zäune, die in
Form von Felsbrocken, Vegetation und Gewässern
Teil der natürlichen Landschaft sind. In jeder Zone
des Bioparks befinden sich nur die Tierarten, die
sich untereinander gut verstehen. Auf einer Fläche von 80.000 Quadratmetern leben mehr als 116
Tierarten, insgesamt mehr als 800 Tiere, von denen jedes in seinem eigenen nachgebildeten Lebensraum lebt.

Die Ticketpreise für Kinder bis 12 Jahre und
Senioren ab 65 Jahren betragen 18 Euro, für Er-
wachsene 23,80 Euro. Der Eintritt für Kinder unter
4 Jahren ist kostenfrei. Es gibt zwei Möglichkeiten,
wie Sie in den Park gelangen können. Vom Stadtzentrum, Bahnhof oder Busbahnhof können Sie in
den Bus auf der Linie Nr. 17, 7, 29, 81 und 95 ein-
steigen. Wenn Sie lieber mit der Metro fahren
möchten, können Sie den Biopark erreichen, indem Sie die dritte oder fünfte Linie bis zur Metrostation Nou de Octubre nehmen und von dort
aus etwa 10 Minuten zu Fuß gehen. Parkplätze
sind am Biopark ebenfalls vorhanden.

PLAZA DE LA REINA

Während Ihres Aufenthalts in Valencia, müssen Sie unbedingt den Platz der Königin (Plaza de la Reina) besuchen, der eine der wichtigsten historischen Sehenswürdigkeiten der Stadt repräsentiert. Hier sind die besten Restaurants in Valencia und vor allem ist dort auch die berühmte Kathedrale der Heiligen Maria (Catedral de Santa María de Valencia). Wenn Sie neben historischen Sehenswürdigkeiten auch einen Panoramablick auf Valencia genießen möchten, dann besteigen Sie den Glockenturm der Kathedrale, den Miguelete-Turm (El Miguelete). Das ist der höchste Punkt der Altstadt.

RATHAUS VON VALENCIA

Eines der schönsten Gebäude in Valencia ist das Rathaus, das einen ganzen Block auf dem Hauptplatz der Stadt einnimmt. Bis zur Mitte des 18. Jahrhunderts beherbergte es das Royal College, und das Gebäude sah völlig anders aus, aber nachdem das Rathaus hierher verlegt wurde, wurde es mehrmals umgebaut und erhielt allmählich sein heutiges Aussehen. Die Fassade mit einem unbeschreiblichen Blick auf den Hauptplatz ist mit drei Türmen geschmückt, in der Mitte befinden sich eine Uhr und ein Glockenspiel, das die Zeit begleitet. Zwei weitere Figuren über der Tür repräsentieren Literatur und Kunst.

KATHEDRALE VON VALENCIA

Die zentrale gotische Kathedrale von Valencia wurde an der Stelle einer Moschee errichtet. Der Bau begann 1262. Diese Kathedrale hat drei niedrige Schiffe: Das mittlere ist 12 Meter hoch und die Seitenschiffe sind jeweils 8 Meter hoch. An der Kreuzung des Mittelschiffs mit den Seitenschiffen befindet sich eine Kuppel und eine polygonale Apsis. Heute beherbergt die Kathedrale ein Museum, das neben einer großen Gemäldesammlung auch Reliquien aufbewahrt. Die Kathedrale von Valencia ist weltweit dafür bekannt, dass hier der Heilige Gral aufbewahrt wird. Eintritt ins Museum kostet 5 €.

GLOCKENTURM VON EL MICALET (TORRE DEL MICALET)

Der alte Glockenturm der Kathedrale von Valencia, der von fast überall in der Altstadt zu sehen ist, ist etwas, was jeder mal gesehen haben muss. Auf diesen 51 Meter hohen Glockenturm (Gesamthöhe 70 Meter) können Sie hinaufsteigen und das Panorama der Stadt in allen 360 Grad bewundern. Der Bau des Glockenturms begann im fernen 1381. Auf der Aussichtsplattform gibt es zwei Glocken, eine schlägt die Uhr und die zweite eine Viertelstunde . Der Besuch kostet 2 €.

PLATZ DER HEILIGEN JUNGFRAU

Das ist der Platz im Herzen der Stadt, auf dem sich die wichtigsten Schätze der Geschichte und Kultur Valencias befinden. Dieser Platz hat eine besondere Energie und es lohnt sich zu jeder Tages- und Nachtzeit, diesen Platz zu besichtigen, um dieses Panorama und seinen besonderen Charme zu bewundern. Es scheint, dass sich ganz Valencia auf diesem Platz befindet, denn die schönen

Sonnenstrahlen kann man ganz gut auf diesem Platz genießen.

Gärten und Parks von Valencia

BOTANISCHER GARTEN

Nicht weit von der Stadt entfernt befindet sich der Botanische Garten, in dem sich eine der größten botanischen Sammlungen befindet. Es gibt etwa 3.000 verschiedene Baumarten von fünf Kontinenten der Erde. Die Kakteensammlung wird besonders auffallen. Sie können sich nicht einmal vorstellen, wie groß und ungewöhnlich sie sind. Darüber hinaus ist es ein sehr angenehmer und ruhiger Ort, an dem Sie spazieren gehen können, auf einer Bank inmitten der wunderschönen Natur sitzen, eine Pause von der Hitze einlegen und mit einheimischen Katzen spielen können. Eintritt in den Garten kosten 2,50 € pro Person.

TURIA-GÄRTEN
(JARDINS DEL TURIA)

Dadurch, dass der Kanal der Hand des Turia um 3 Kilometer nach Süden verlegt wurde (aufgrund ständiger Überschwemmungen), wurde an dieser Stelle ein schicker Garten angelegt, der auch den Namen erbte. Die Gartenfläche beträgt etwa 15 Hektar, der Garten erstreckt sich rund um die Altstadt von der Brücke des 9. Oktober (Pont del Nou d'Octubre) bis zur Drassanes-Brücke (Pont de les Drassanes). Dies ist einer der beliebtesten Orte der Einheimischen, da diese riesigen Gärten heute Orte für Erholung, Sport und kulturelle Attraktionen sind. Bei einem Spaziergang durch die Gärten werden Sie die noch erhaltenen und in Gebrauch befindlichen alten Brücken, Springbrunnen und Unterhaltungsmöglichkeiten genießen.

NATIONALPARK ALBUFERA (PARC NATURAL DE L'ALBUFERA DE VALENCIA)

Der 15 Kilometer von der Stadt entfernte Park, ist der berühmteste der Naturparks und Landschaftsgebiete der gesamten Region Valencia. Dieser Park entführt Sie in die Welt der unberührten Natur, wo Sie nur das Rauschen der Bäche und das Singen der Vögel hören können. Dieses Reservat beherbergt verschiedene Vogelarten, von denen einige vom Aussterben bedroht und im Roten Buch aufgeführt sind. Das Zentrum dieses Parks bildet der gleichnamige See, der größte Süßwassersee Spaniens. Hier können Sie eine Bootsfahrt machen, die Natur in vollen Zügen genießen, den Sonnenuntergang beobachten sowie die von den Einheimischen erbauten Bauernhäuser "las barracas" sehen.

Um die lokale Küche zu probieren, können Sie in das am See gelegene Dorf El Palmar fahren, das den berühmten valencianischen Schriftsteller Blasco Ibáñez zu vielen Werken inspirierte. Und wenn Sie im Mittelmeer schwimmen, die Strände und das reinste Wasser genießen möchten, dann bietet Ihnen die Küste von El Saler neben dem Park Devesa de El Saler gute Strände. Auf dem Territorium des Parks gibt es Hotels und Campingplätze, da es sich lohnt, mehrere Tage auf einmal hier zu verbringen.

MUSEUM DER SCHÖNEN KÜNSTE (MUSEU DE BELLES ARTS)

Das Museum enthält eine luxuriöse Gemäldesammlung, die sowohl die Werke berühmter valencianischer Künstler enthält, etwa Vicente Lopas, Ignacio Pinaso, Juan de Juanes, Francisco Ribalta und andere, als auch die Werke weltberühmter Künstler, z. B. El Greco, Velasquez, Van Dyck, Goya und andere. Der Eintritt ins Museum ist frei.

Marina Beach Club

D er Marina Beach Club in Valencia hat sich in nur wenigen Jahren zum angesagtesten Unterhaltungskomplex der Stadt entwickelt. In nur einem Jahr, das seit der Eröffnung des Beach-Clubs „Marina Beach Club Valencia" vergangen ist, hat sich dieses Lokal zum beliebtesten Ort für Freizeitaktivitäten unter Valencianern und Gästen der Stadt entwickelt. In einer privilegierten Gegend, zwischen dem luxuriösen 5-Sterne-Hotel „Las Arenas" und dem königlichen Hafen („Marina Real") gelegen, eroberte dieser Unterhaltungskomplex die Herzen seiner Besucher, nicht nur mit den besten Cocktails, wunderschönen Ausblicken auf das Mittelmeer, sondern auch mit einem umfangreichen Veranstaltungsprogramm, das Konzerte von Weltstars, Schaumdiscos, Schönheitswettbewerbe und vieles mehr umfasst.

Mit anderen Worten: Im Marina Beach Club in Valencia wird es nie langweilig. Dieses Unterhaltungsprojekt, das in Valencia konzipiert und realisiert wurde, ist bereits zum Star des Nachtlebens der Stadt geworden. Kein Witz, über 40.000 Menschen haben den Unterhaltungskomplex an der Küste von Valencia im vergangenen Jahr seit seiner Eröffnung besucht. Und das Hauptgeheimnis dieses Erfolgs liegt in der besten Kombination aus Sonne, Meer, Schwimmbad, modischer und moderner Musik mit einem abwechslungsreichen Unterhaltungsprogramm. Und natürlich ist die hervorragende Küche erwähnenswert, denn im Marina Beach Club in Valencia werden Ihnen nur die besten Gerichte der mediterranen Küche angeboten, deren Hauptgericht die berühmte valencianische Paella ist! All das macht den valencianischen "Marina Beach Club" zum besten Unterhaltungszentrum in der Stadt!

Im Hauptgebäude des Clubs, das über eine gemütliche Terrasse verfügt, die direkt ins Meer hinausgeht, befindet sich das Restaurant "Marina". Hier können Sie bei herrlichem Meerblick die mediterrane Küche probieren, die auf moderne Weise zubereitet wird. Auf der Speisekarte finden Sie eine große Auswahl an Reisgerichten, der wichtigsten landwirtschaftlichen Kultur der Region Valencia, frischen Meeresfrüchten und Fleisch verschiedener Sorten. Und wenn Sie exotische Gerichte probieren möchten, dann können Sie im Marina Restaurant des Beach Clubs in Valencia eine Vielzahl von Sushi und anderen orientalischen Gerichten bestellen, die persönlich von Meistern von Tatami Japanese Food zubereitet werden.

Auf der obersten Etage des Restaurants Marina an der Küste von Valencia befindet sich die Skybar, mit einer großzügigen Terrasse, mit exklusivem Blick auf die Meeresoberfläche und einer großen Auswahl an erstklassigen Cocktails und Getränken. Einen Abend im Marina Beach Club in Valencia zu verbringen, ist die beste Option für diejenigen, die den Tag nach der Erkundung der Stadt oder dem Entspannen am Strand ausklingen lassen möchten. Darüber hinaus ist der Marina Beach Club ein großartiger Ort für Familienfeiern oder Firmenveranstaltungen an der Mittelmeerküste von Valencia.

Der Lounge- und Poolbereich des Beach-Clubs ist der beste Ort, um entspannte, angenehme Abende auf dem Strand von Valencia zu verbringen. Hier finden Sie eine einzigartige Atmosphäre, die besten Cocktails und modernste Lounge-Musik, die es Ihnen ermöglicht, sich nach einem intensiven Tag so gut wie möglich zu entspannen und positive Energie zu tanken. Im Bereich „Lounge & Pool" hört die Live-Musik nie auf, den ganzen Tag, 24 Stunden am Tag, arbeiten die besten DJs für Sie und zeigen ihre Kunst im „Lounge"-Stil.

Aber das Allerbeste und Beliebteste der Lounge & Pool im Marina Beach Club ist der Swimmingpool mit Hängematten, Sonnenliegen und gemütlichen Tischen für Gruppen und Freundesgruppen. Hier können Sie auch verschiedene Cocktails probieren und sogar eine Wasserpfeife mit Füllungen nach Ihrem Geschmack bestellen. Dieser Infinity-Pool, der in der Stadt seinesgleichen sucht, ist einer der Gründe für die große

Beliebtheit des Beach-Clubs. Hier können Sie mit einem Cocktail in der Hand und der Begleitung der besten „Relax"-Musik völlig entspannen und das Schwimmen im Meerwasser genießen, was den vollen Eindruck vermittelt, in das warme Wasser des Mittelmeers einzutauchen. Und dank der hier befindlichen Poolbar können Sie die besten Cocktails probieren, ohne den Pool zu verlassen. Es sei darauf hingewiesen, dass der Marina Beach Club der einzige Ort in Valencia ist, an dem es möglich ist, einen Cocktail zu genießen, ohne den Pool zu verlassen!

Strände von Valencia

D ie goldenen Strände von Valencia zählen zu den schönsten Spaniens. Viele von ihnen sind mit der Blauen Flagge gekennzeichnet, das bedeutet, dass an den Stränden gewisse Umweltkriterien eingehalten werden. Die hervorragend ausgestatteten Erholungsgebiete ziehen jedes Jahr Tausende von Touristen an, denn die Strände sind für ihre Sauberkeit und schönes Kristallwasser bekannt. Eine breite Küste mit sauberem Sand erstreckt sich über 500 Kilometer entlang der Mittelmeerküste.

Es gibt sowohl ruhige Orte als auch laute, überfüllte Bereiche mit Bars und Cafés. Aber jeder Strand hat einen bequemen Eingang, was die Region Costa de Valencia zur besten für Familien mit Kindern macht. Der Stadthafen teilt den Strandbereich in zwei Teile: Der südliche ist ruhig, der nördliche besser für Outdoor-Aktivitäten geeignet. Das Meer in Valencia erwärmt sich, wie in den meisten Teilen Spaniens, im Juni. Aber die Badesaison beginnt im April und dauert bis Anfang Oktober. Die durchschnittliche Wassertemperatur im Sommer beträgt +25 Grad, und wenn Sie gern in der Sonne liegen, können Sie die Sonne an 300 Tagen im Jahr genießen. An den breiten und weitläufigen Stränden Valencias gibt es Erste-Hilfe-Posten, Duschen, Toiletten, Brunnen mit Trinkwasser. Sonnenschirme und Liegen können Sie bequem bei der Vermietung ausleihen, die Kosten für ein Set liegen bei durchschnittlich 15 Euro. Wenn Sie nicht zu viel bezahlen möchten, legen Sie eine Tagesdecke oder Matte aus, die Sie für 3 Euro neben dem Strand kaufen können, oder bringen Sie Ihre eigene mit.

Valencia selbst hat zwei große Stadtstrände – Las Arenas und La Malvarrosa. Sie befinden sich nur wenige Kilometer vom Zentrum entfernt. Ihre Besonderheit ist, dass beide Strände an den Haupthafen von Valencia angrenzen. Sie befinden sich im Süden der Stadt und sind nicht klar voneinander getrennt. Ab der zweiten Aprilhälfte ist in der Stadt heißes Sommerwetter zu spüren und bereits im Mai erwärmt sich das Mittelmeer auf über 20 °C. Die Badesaison dauert bis Oktober und im Herbst beginnt an den Stränden von Valencia die sogenannte „Samtsaison".

Der heißeste Monat ist traditionell der August. Am Ende des Sommers bringt der Wind heiße Luft aus Afrika in die Stadt. Wahrscheinlich kann Valencia als eine der klarsten Städte unseres Planeten bezeichnet werden – jedes Jahr gibt es hier mehr Sonnentage als irgendwo anders auf dieser Welt. Und wenn man alle 365 Tage zusammenzählt, liegt die Durchschnittstemperatur bei etwa 18 °C.

DER STRAND LA MALVARROSA

Der Strand von Malvarrosa ist der beliebteste unter den Einheimischen. Alles, was Sie für einen Urlaub brauchen, finden Sie hier: klares Wasser und goldenen Sand, ein eingezäunter Bereich für einen Strandurlaub mit Kindern, in dessen Nähe sich ein Spielplatz befindet, ausgestatteter Bereich für Menschen mit Behinderung. Menschen mit Behinderungen können die Rampen und separaten Bereiche zum Schwimmen nutzen. Einer der Vorteile von Malvarrosa ist die Verkehrsanbindung, daher sind immer viele Menschen am Strand. Sie erreichen den Strand bequem mit dem Stadtbus Nr. 32. Sie müssen an der Haltestelle Pavia – Platja de la Malvarrosa aussteigen. Die zweite Möglichkeit ist: Sie können die Straßenbahn Nr. 4 oder 6 nehmen und zur Station Evgenia Vines fahren.

PLAYA DE PINEDO

Der Sandstrand Playa de Pinedo zieht viele Segel- und Wasserskifans zu sich. In Bezug auf die Anzahl der Restaurants und lauten Einrichtungen ist es hier meistens recht voll, es gibt aber auch ruhige Ecken. Für alle Liebhaber des FKK ist am Strand ein separater Bereich vorgesehen.

Vom Zentrum aus gelangen Sie mit den Bussen Nr. 14 und 15 hierher.

PLAYA DE PATACONA

Patacona Beach liegt zwar etwas abseits vom Stadtzentrum, hat aber einige Vorteile.

Zum Beispiel der feine, fast schneeweiße Sand, oder die unbeschreiblichen Sonnenuntergänge.

Schöne und gemütliche Ferienwohnungen finden Sie in fußläufiger Entfernung. Zimmer mit zwei Schlafzimmern werden für 50 Euro pro Nacht vermietet. Da es seit Kurzem ein neues Gebiet neben dem Strand gibt, sind die Mietwohnungen dementsprechend so gut wie immer in ausgezeichnetem Zustand. Wenn Sie im Zentrum in einem Hotel unterkommen, gelangen Sie mit dem Bus Nr. 31 zu diesem Strand. Sie müssen an der Haltestelle Mare Nostrum – Mar Tirreno aussteigen.

PLAYA LAS ARENAS

Las Arenas Beach ist mein persönlicher Favorit. Der Strand ist ein lebhaftes Erholungsgebiet innerhalb der Stadt. Die Länge beträgt mehr als 1200 Meter, die Breite 60 Meter. Die Leute kommen hierher für Partys, Spaß und aktive Unterhaltung.

In der Nähe gibt es eine Promenade mit Restaurants und Cafés, wo man abends das tolle Wetter und die Sonnenuntergänge genießen kann. Es gibt auch gute Hotels, die Preise sind hier aber etwas teurer als in anderen Gebieten. An diesem Strand wird es nie langweilig, denn hier finden oft verschiedene Messen und Konzerte statt, die Strände sind mit Volleyball- und Kinderspielplätzen ausgestattet. Der Eintritt ist kostenfrei, nur, wer sich eine Liege oder einen Sonnenschirm ausleihen möchte, muss bezahlen. Sie kommen am besten zu Playa Las Arenas mit dem Bus. Nicht weit vom Strand entfernt befindet sich die Haltestelle des Stadtbusses Nr. 32, etwas weiter die Metrostation Marina Reial Joan Carles.

LA DEVESA

Wenn Sie mit Kindern reisen, ist das eine gute Wahl. Der Strand liegt an der Grenze zum Albufera-Park, daher gibt es nicht nur feinen Sand und einen bequemen Zugang zum Meer, sondern auch ein einzigartiges Ökosystem. In der Umgebung wachsen Pinien, Palmen und Mastbäume, außerdem kann man seltene Wildvögel

beobachten. Wer keinen Diskothekenlärm, sondern unberührte Natur bevorzugt, sollte in einem
der nahen gelegenen Hotels übernachten.

Essen und valencianische Gerichte

Die traditionelle spanische Küche ist eine Mischung aus europäischen, arabischen und jüdischen kulinarischen Traditionen. Am häufigsten werden Fleisch und Meeresfrüchte zum Kochen verwendet. Wie in Griechenland und Italien sind hier frisches Gemüse und Olivenöl sehr beliebt. Snacks und Suppen, verschiedene Tapas und Burritos sind hier auch nicht mehr wegzudenken, denn genau dafür ist Spanien bekannt. Traditionelle spanische Tapas werden als Vorspeise mit Wein oder Bier serviert, unter den

Begriff Tapas fällt jeder leichte Snack, wie Oliven, Käseplatten oder Chips, doch meistens sind es kleine Sandwiches mit verschiedenen Beilagen drauf.

Noch ein Muss in Spanien ist echte Gazpacho. Das Gericht gehört zur Kategorie der kalten leichten Suppen, die in der heißen Jahreszeit aus frischem püriertem Gemüse zubereitet wird. Zum Frühstück können Sie das weltbekannte Gebäck „Churros" probieren, falls Sie es noch nicht getan haben. Dieses Dessert wird auf der ganzen Welt geliebt. Es wird aus Puddingteig hergestellt und dann frittiert oder gebacken. Churros werden in Cafés und Restaurants sowie an Straßenständen verkauft. Sie werden mit Zimt oder Puderzucker bestreut, in einigen Cafés gibt es Churros mit einer Schokoladen- oder Vanillefüllung. Der Preis pro Portion beträgt 3 bis 4 €.

Doch wenn wir über Valencia reden, gibt es ein paar Sachen, für die die Stadt bekannt ist. Paella, Paella und noch mehr Paella! Das bekannteste spanische und vor allem valencianische Essen ist die Paella, sie wurde in Valencia erfunden. Hier gibt es Dutzende von Sorten. Jeder Valencianer, wenn er natürlich aus der Stadt stammt, wird bestätigen, dass dieses Gericht das beste in ganz Spanien ist. Die Spanier sagen, dass Paella ein rein valencianisches Gericht ist, das am besten auch nur in dieser Region zubereitet wird. Es ist ein Muss, Paella zu probieren, vor allem, wenn Sie schon in Valencia sind. In den Restaurants kostet ein Teller ca. 20 €, aber die Portionen sind sehr groß, auf jeden Fall so groß, dass zwei Personen satt werden.

Beliebte Getränke sind Mistella und die eigene Biermarke Turia. Horchata ist vor allem an warmen Tagen sehr erfrischend, lassen Sie es sich nicht entgehen.

Also, wo kann man die besten Schokoladen-Churros in Valencia probieren? Santa Catalina. Santa Catalina ist das älteste, berühmteste und touristischste Café-Orchateria in Valencia. Santa Catalina liegt im Herzen der Stadt, neben der Kathedrale und dem Runden Platz (Plaza Redonda). Sie machen meiner Meinung nach die besten Churros der Stadt. Sobald Sie das „Santa Catalina" in Valencia betreten, sehen Sie ein typisches Café des frühen neunzehnten Jahrhunderts, das alle charakteristischen Merkmale dieser Zeit bewahrt hat. Hier werden Ihnen die typischsten süßen

Leckereien Valencias angeboten – Horchata mit Fartons. Und wenn Sie Valencia im Winter oder während der Las-Fallas-Feiertage besuchen, dann bestellen Sie unbedingt die zweite Spezialität von Santa Catalina – heiße Schokolade mit Donuts Bunuelos. Das wird Sie auf jeden Fall aufwärmen und Ihnen Energie geben, und danach Sie können Ihre Bekanntschaft mit Valencia fortsetzen! Und im heißen Sommer empfehlen wir Ihnen, neben der erfrischenden Horchata hausgemachtes Eis in verschiedenen Geschmacksrichtungen zu probieren, das den Besuchern des Cafés Santa Catalina in Valencia angeboten wird. Wir sind sicher, dass es Sie nicht gleichgültig lassen wird und auch perfekt dazu beitragen wird, mit der valencianischen Sommerhitze fertig zu werden.

Noch ein Café, in dem Sie nicht enttäuscht werden, ist Café Valor auf dem Platz in der Nähe der Kathedrale. Eine auf Schokolade spezialisierte Institution aus der Süßwarenfabrik Valor. Abends gibt es Schlangen von Menschen, die heiße Schokolade trinken und Churros essen wollen. Dort können Sie heiße Schokolade mit Gewürzen, mit Orange, heiße weiße Schokolade und vielen anderen Schokoladensorten probieren.

Horchata und Aqua de Valencia

D as typische Getränk Valencias ist natürlich die Horchata. Es wird mit hausgemachten süßen länglichen Keksen "Fartons" serviert. Sie können Valencia also nicht verlassen, ohne selbst gemachte Horchata probiert zu haben! Das Getränk wird aus Chufa-Knollen hergestellt, das sind Erdmandeln, die nur auf Böden mit besonderen Eigenschaften und klimatischen Bedingungen angebaut werden können. Daher gilt dieses Produkt als ausschließlich valencianisch und hat ein lokales Qualitätszeichen. Das

Getränk ist nicht nur erfrischend, sondern ist auch sehr gesund.

Ein weiteres sehr beliebtes und bekanntes Getränk in Valencia heißt „Aqua de Valencia". Aqua de Valencia oder auch als „valencianisches Wasser" bekannt, und es ist genau das Getränk, das die Spanier so gern an warmen Tagen trinken, versteckt vor der heißen Mittagssonne auf der Terrasse eines kleinen Cafés. Aqua de Valencia ist ein traditionelles Getränk und wenn Sie Valencia besuchen, sollten Sie unbedingt den Cocktail probieren, dessen Geschmack Sie zumindest für einen Moment wie ein Bewohner des sonnigen Spaniens fühlen lässt. Das klassische Rezept für den Cocktail Agua de Valencia besteht aus frisch gepressten Orangensaft, Cava, Gin, Wodka, Zucker und Eis.

Beide Getränke finden Sie an jeder Ecke in Valencia.

Die besten spanischen Restaurants befinden sich in den verwinkelten Gassen der Innenstadt, besonders im Mercado Center. Eine der besten Möglichkeiten für einen angenehmen Zeitvertreib sind auch Cafés und Tapas-Bars entlang der Avenida del Puerto. Viele Restaurants bieten Mittagsmenüs an, die eine gute Möglichkeit sind, die spanische Küche zu genießen, ohne zu viel Geld auszugeben.

Hotels und Unterkünfte

Was die Hotels betrifft, sind die Preise in Valencia etwas zurückhaltender im Vergleich zu Barcelona oder Madrid. Für 80 € können Sie in einem guten Mittelklassehotel übernachten. In Hostels kann man für 10 bis 15 € pro Tag pro Person übernachten, es gibt viele Hostels, die auch ein Privatzimmer anbieten, der Preis bleibt aber nicht gleich, sondern steigt ein wenig. Ein Privatzimmer in einem Hostel kostet etwa 25 €. Ein Doppelzimmer in einem Hotel kostet ab 25 €, jedoch ohne Frühstück. Sowohl

Hotels als auch Hostels sind häufiger mit alten Renovierungen versehen.

An der Küste sind die Preise in Hotels meistens höher, Sie müssen mindestens mit 80 Euro pro Nacht rechnen. Für dieses Geld ist es aber nicht so einfach, etwas Anständiges zu finden, normalerweise betragen die Kosten für ein Zimmer 100 bis 150 Euro. In historischen Vierteln und in guten Gegenden der Stadt liegen die Preise in beliebten Hotels bei 150 bis 200 €. Neben den klassischen Hotels bietet Valencia eine weitere originelle Art der Unterkunft – Gasthäuser. Diese Unterkunft außerhalb der Stadt ist sowohl für Autobesitzer als auch für diejenigen geeignet, die nicht viel Zeit in der Stadt verbringen möchten.

Sie können in Valencia auch in Mietwohnungen, Appartements oder in ganzen Häusern übernachten. Die Preise für Apartments sind nicht viel höher als in Hotels, manchmal sogar niedriger, wenn die Immobilie weit vom Zentrum entfernt liegt. Für einen Aufenthalt mit Meerblick, direktem Zugang zum Strand und nur 4,5 km vom Zentrum von Valencia entfernt empfehle ich dieses großartige Hotel: Las Arenas Balneario Resort.

Wenn Sie mit einer großen Gruppe reisen, lohnt es sich, eine Wohnung über Airbnb zu mieten.

Hotel Malcom and Barret – Im Herzen der Stadt gelegen, sind alle Zimmer des Hotels im gleichen einfachen, aber eleganten Stil eingerichtet. Im Restaurant können Sie die nationale Küche der Stadt probieren und in der Gin-Bar können Sie die besten Cocktails trinken. Sie können den Fitnessraum nutzen und für Kinder gibt es ein Kinderzimmer mit Spielen, Büchern und Spielzeug. Der Strand ist 10 Minuten vom Hotel entfernt.

Primus Valencia – Ultratrendiges Hotel im Stadtzentrum. Das Hotel verfügt über ein Spa-Center, in dem Sie eine hochwertige und gute Massage sowie einen Fitnessraum erhalten. Sie können im Außenpool schwimmen, einen guten Drink an der Bar genießen und auf der Terrasse mit Blick auf den schönen Garten Ihr Abendessen genießen. Der Strand ist ein paar Minuten zu Fuß entfernt.

Hotel Dimar – in der Nähe des Zentrums von Valencia gelegen. Bekannt für ein modernes Design in jedem Zimmer. Alle Hotelgäste können das Fitnessstudio nutzen. Im Restaurant können Sie Gerichte aus jeder Küche der Welt probieren, in der Bar können Sie ebenfalls hausgemachte Drinks trinken. In der Nähe des Hotels gibt es viele Bars und beliebte Clubs. Der Strand ist nur wenige Meter vom Hotel entfernt.

Shopping in Valencia

In Valencia gibt es viele Möglichkeiten und Orte, an denen man gut sein Geld ausgeben kann. Ob Einkaufszentren oder moderne Einkaufsstraßen, in Valencia ist für jeden etwas dabei. Viele Touristen, die nach Valencia kommen, um etwas zu shoppen, wissen aber gar nicht, wo es sich am meisten lohnt. Die meisten Geschäfte in Valencia sind von 9:00 bis 10:00 Uhr bis 20:00 Uhr geöffnet, einige öffnen früher – ab 8:00 Uhr. Die Standardöffnungszeiten großer Einkaufszentren und Supermärkte sind von 10:00 bis 22:00 Uhr.

Kleine Geschäfte schließen normalerweise von 13:00 bis 17:00 Uhr für die Siesta, dies gilt jedoch nicht für Verbrauchermärkte und Einkaufszentren, sie arbeiten den ganzen Tag ohne Mittagspause. Sonntags ist alles geschlossen, von privaten Geschäften bis zu großen Einkaufszentren, mit Ausnahme kleiner Minimärkte an Tankstellen. Das Sortiment dort ist nicht sehr groß, aber Lebensmittel und Waren des täglichen Bedarfs sind dort zu finden.

Die beliebteste Einkaufsstraße in Valencia ist die Calle Colon, auch bekannt als Columbus Straße. Hier gibt es viele preisgünstige Markengeschäfte, H&M, Camper, Nike, Oysho, Zara, Mango, Pull & Bear sowie zwei Einkaufszentren der Kette El Corte Ingles. Etwa das gleiche Sortiment findet man in der nahegelegenen Straße Carrer Don Juan De Austria. Zusätzlich zu den aufgeführten Geschäften gibt es Massimo Dutti, Parfois und Springfield. Für spanische Marken gehen Sie am besten zur Carrer Jorge Juan Street. Besondere Aufmerksamkeit verdienen Bimba & Lola, ein Geschäft für Designerkleidung und Accessoires für Damen, helle und elegante Herrenbekleidung von El Ganso, Javier Simorra, Purificación García,

Cortefiel, Intropia, COS, Pepe Jeans, Tous usw. Einige von ihnen befinden sich im Einkaufszentrum Galería de Jorge Juan. High-End-Marken sind in der Poeta Querol Straße. Jedes Einkaufszentrum in Valencia hat seine eigene offizielle Website, die nicht nur die Adresse des Einkaufszentrums, sondern auch eine detaillierte Karte des Standorts enthält. Oft wird auch ein Katalog mit ausgewählten Geschäften angeboten. Die bequemste Art, sich fortzubewegen, ist mit der Metro oder Taxi. Die meisten Einkaufszentren befinden sich direkt im Stadtzentrum, in der Nähe der Columbus Straße.

Einkaufszentren in Valencia

EL CORTE INGLES

Das ist die größte spanische Kette von Einkaufszentren, drei davon gibt es in Valencia. Dort können Sie Kleidung, Schuhe, Accessoires und Sportartikel vieler europäischer Marken kaufen, und es gibt auch große Abteilungen für Technik und Elektronik. Hier gibt es vor allem Damen- und Jugendbekleidung.

EL SALER

Hier gibt es mehr als 100 Geschäfte preiswerter, beliebter, globaler und lokaler Marken: Adidas,

Zara, Desigual, Bershka, Mango, Massimo Dutti, Springfield usw., es gibt einen Lebensmittelsupermarkt, einen Unterhaltungsbereich für Kinder und eine große Fast-Food-Abteilung.

NUEVO CENTRO

Das ist das älteste Einkaufszentrum in Valencia und heute eines der größten und beliebtesten, nur 10 Gehminuten vom Viertel Barrio del Carmen im Stadtzentrum entfernt. Auf zwei Etagen befinden sich mehr als 200 Geschäfte für Kleidung, Schuhe, Accessoires, Kosmetik, Haushaltswaren und andere Waren. Im Stadtzentrum gelegen und die ganze Woche außer sonntags geöffnet.

GRAN TURIA

Hier finden Sie Kleidung, Schuhe, Accessoires, Kosmetik, einschließlich spanischer Marken, Fast Food, ein Kino, einen Kinderspielplatz und einen Schönheitssalon.

Galeria Jorge Juan ist ein kleines Einkaufszentrum, günstig für seine Lage, direkt neben dem Markt Mercado de Colon. Es gibt hier nur wenige

Geschäfte, nur etwa 40, aber dieses Einkaufszentrum ist vor allem für sein riesiges Restaurant mit 250 Sitzplätzen bekannt, in dem Sie traditionelle valencianische Küche probieren können. Montags servieren sie zum Beispiel Paella mit Meeresfrüchten, mittwochs Reis mit Gemüse.

Aqua Multiespacio ist ein großer Einkaufskomplex, mit etwa 100 Geschäften. Das Hauptsortiment besteht aus preiswerten Marken wie zum Beispiel Bershka, HM, Sfera, Pull & Bear, Zara, Mango, Stradivarius usw.

Outlets in Valencia

Eines der besten Outlets in Spanien – Bonaire – befindet sich in Valencia. In der Fläche entspricht es etwa 100 Fußballfeldern. In lokalen Geschäften gibt es das ganze Jahr über Rabatte von 20 bis 30 % und während der Schlussverkaufszeiten erreichen Sie auf einige Produkte 90 %. Neben Geschäften gibt es einen Unterhaltungsbereich mit einem Kino und einer Street Food Gallery, wo Sie etwas essen oder Essen mitnehmen können. Das Outlet ist täglich außer sonntags von 10:00 bis 22:00 Uhr geöffnet, Sie erreichen es mit dem gelben Metrobus Nummer 160.

Die spanische Kultur

Ich werde versuchen, die Menschen in Valencia, so gut es geht, für Sie zu charakterisieren. Das bedeutet aber natürlich nicht, dass alle gebürtigen Spanier so sind, wie ich es Ihnen erzählen werde. Im Norden haben sie ihre eigenen Eigenschaften, im Süden ebenfalls. Die Merkmale, die ich hier aufzähle, werden jedoch bis zu einem gewissen Grad das spanische Volk widerspiegeln. Die ausgeprägteste und bekannteste Charaktereigenschaft der Spanier insgesamt ist natürlich die Lautstärke. Es ist kein Geheimnis, dass Spanier sehr laute Menschen sind. Es scheint, dass sie bei der Kommunikation keine "klanglichen" Grenzen haben. Auf den ersten Blick sind die Spanier bestechend freundlich. Sie lächeln und sprechen ab dem zweiten Satz mit Ihnen, als würden sie Sie schon seit tausend Jahren kennen. Das erste Mal war ich erstaunt über so viele nette Menschen um mich herum. Es schien mir, dass jeder neue Bekannte sofort ein Freund wurde, den ich sofort auch zu meinem Geburtstag einladen könnte. Aber so sind sie zu jedem Menschen. Es ist normal für sie, so superfreundlich zu sein, aber man sollte sich nichts einbilden.

Die Spanier haben, wie jede Nation, ihre eigenen Besonderheiten der Mentalität. Touristen mögen sie wegen ihrer positiven Einstellung und ihres guten Willens. Der Hauptnachteil der spanischen Mentalität ist jedoch, dass sie nicht gern hetzen. Das gilt für alle Lebensbereiche, auch wenn es um Informationsbedarf oder das Warten auf eine Entscheidung bei irgendeiner Behörde geht. Das kann manchmal nervig sein und Wutausbrüche verursachen., aber es ist schwer, dagegen anzukämpfen – es ist ein nationales Merkmal. Die Spanier zeichnen sich durch eine Reihe charakteristischer historischer, genetischer, kultureller, emotionaler und anderer Merkmale aus, die sich in den Besonderheiten des Verhaltens und der Lebenseinstellung manifestieren. Dies ist ein unabhängiges und freiheitsliebendes Volk. Sie tolerieren keinen äußeren Druck oder Scham. Weder die öffentliche Meinung, noch ihr eigener Ruf in ihrer Umgebung ist ihnen im Großen und Ganzen wichtig. Gleichzeitig verzichten Spanier darauf, andere öffentlich zu verurteilen. Sie können sorglos irgendwo auf dem Bordstein oder auf dem Boden sitzen und dass alles um sie herum „sauber" ist.

Neben anderen Merkmalen der Mentalität der Spanier sticht ihre Emotionalität hervor. Infolgedessen haben sie große Errungenschaften im kulturellen und kreativen Bereich und einen gewissen Rückstand im wissenschaftlichen und industriellen Bereich. Die Bürger dieses Landes sagen, dass das Leben nicht zum Leiden da ist, sondern nur zum Genießen. Und diese Meinung ist kein Witz. Man hat den Eindruck, dass sie gar nicht daran denken, was Morgen und Übermorgen passieren wird, sondern einfach das Heute genießen. Interessant ist, wenn Ihnen ein Spanier etwas verspricht, fast schwört, aber gleichzeitig „mañana", also „morgen", sagt, seien Sie sich sicher, dass er nichts tun wird.

Ein charakteristisches Merkmal dieser Menschen ist, dass sie unabhängig vom Geschlecht sehr gesprächig sind, keine Gelegenheit verpassen, ein Gespräch zu beginnen, und jedes Thema gern unterstützen. Während eines Gesprächs gestikulieren sie ständig, ihre Bewegungen sind so gut, dass sie faszinieren. Beim Treffen begrüßen sich die Mädchen und natürlich auch die Männer mit einem Kuss auf beide Wangen. Männer geben sich die Hand, aber bei Verwandten sind junge Leute etwas anders, sie applaudieren laut auf die Schulter und schreien, jeder von ihnen versucht, den anderen mit der Lautstärke zu übertreffen. Ein weiteres Merkmal der Mentalität der Spanier ist, dass sie große Meister darin sind, Urlaub oder sich freie Tage mit oder ohne Grund zu gestalten.

Sicherheit

Ist Valencia sicher für Touristen? Das ist eine berechtigte Frage,
Tatsächlich ist Valencia eins der am schnellsten wachsenden Reiseziele in Europa, da es eine breite Palette an Aktivitäten und Attraktionen für jeden Geschmack und jede Art von Tourismus bietet.

Wie die meisten anderen spanischen Städte hat sich Valencia als einigermaßen sicheres Urlaubsziel etabliert. Aber auch Taschendiebstähle kommen hier vor, also seien Sie an öffentlichen Orten aufmerksam und achten Sie auf Ihre

Wertgegenstände. Dokumente und Wertgegenstände sollten im besten Fall in einem Hotelsafe aufbewahrt werden, das kann Ihnen dabei helfen. Wenn Sie mit einem Mietwagen reisen, lassen Sie keine Dinge unbeaufsichtigt im Auto. In Spanien gibt es viele Handwerker, die Wertsachen stehlen, während Sie auf das Umschalten der Ampel warten.

Schließlich wird Touristen davon abgeraten, nachts abgelegene Gebiete zu besuchen. Aber wir dürfen nicht vergessen, dass Touristen vorsichtig in jedem fremden Land sein müssen, denn wie in allen Touristenorten gibt es Kleinkriminalität.

Hilfreiche Rat-schläge und Tipps

Wenn Sie zum allerersten Mal nach Valencia kommen, habe ich für Sie die wesentlichen Tipps zusammengefasst. Die Valencia Tourist Card hilft Ihnen, bei Ihrer Reise Geld zu sparen. Verkauft wird die Karte an U-Bahn-Stationen, die Kosten betragen für einen Tag 15 Euro, für zwei Tage 20 Euro. Sie können kostenlos vom Flughafen ins Zentrum gelangen, die öffentlichen Verkehrsmittel in den Zonen A und B nutzen und Rabatte in Museen, Restaurants und Einkaufszentren erhalten.

Wenn Sie müde und hungrig sind, werfen Sie einen Blick auf den Mercat Central Markt, einen der ältesten, wie oben schon beschrieben, in Europa. Die Auswahl an Essen und traditionellen Köstlichkeiten ist hier erstaunlich groß. Der beste Ort für einen angenehmen Spaziergang ist der wunderschöne Turia-Park mit seinen schattigen Gärten. Wenn Sie Ihren Morgen wie ein echter Valencianer beginnen möchten, gehen Sie nach 10 Uhr in ein Café und probieren Sie das traditionelle Almuerzo-Frühstück. Das Frühstück besteht aus Brot mit verschiedenen Füllungen, Bier, Wein und Oliven. Von Café zu Café kann das Frühstück sich minimal unterscheiden, was die Beilagen angeht. Besonderes viel Aufmerksamkeit wird auf die Siesta in der Stadt gelegt, das ist ein wahrhaft heiliges Ritual für die Einheimischen. Von zwei bis fünf Uhr nachmittags friert alles ein, von Geschäften und Banken bis hin zu Postämtern und Museen. Nach fünf Uhr kehren die Menschen wieder zur Arbeit zurück. Die Küche wird hier sehr ernst genommen, denn die meiste Zeit verbringen die Spanier mit dem Essen. Was natürlich nicht verwundert, denn Valencia ist der Geburtsort des beliebtesten spanischen Gerichts, der Paella, die hier in den unterschiedlichsten Variationen zubereitet und serviert wird, deshalb lassen Sie es sich nicht entgehen und probieren Sie es!

Für Touristen ist die Altstadt (Ciutat Vella) am bequemsten, in der sich eine große Anzahl von Restaurants, Hotels sowie die wichtigsten Sehenswürdigkeiten der Stadt befinden.

Eixample gilt als elitäres Viertel, insbesondere das Viertel Roussafa, in dem Sie durch die Innenstadt schlendern, schöne historische Gebäude bewundern und in einem der vielen Cafés und Restaurants köstlich essen können. Achten Sie auf der Suche nach einer entwickelten Infrastruktur und preiswerten Lebensmittelgeschäften auf das Küstengebiet von Poblats Maritims.

Wer einen Strandurlaub mit einem Kulturprogramm verbinden möchte, kann sich im Strandbereich von Las Arenas niederlassen. Hier befindet sich der Jachthafen – ein sehr malerischer und gemütlicher Ort. Sparsame Touristen und diejenigen, die das Grüne lieben, werden das Campanar-Gebiet definitiv mögen. Es liegt etwas abseits vom Zentrum, aber die Verkehrsanbindung ist gut ausgebaut. Außerdem können Sie hier einen

Landschaftspark und einen Zoo besuchen sowie in einem großen Einkaufszentrum einkaufen gehen.

Was ein Tourist in Valencia tun muss – eine kurze Zusammenfassung

Ein Spaziergang durch die Straßen von Valencia wird Ihnen einen ersten Eindruck von der Stadt vermitteln und Sie werden sich vielleicht sogar in diese Stadt verlieben. Aber um den ganzen Charme dieser spanischen Stadt voll genießen zu können, muss ein Tourist während der Reise Zeit mitbringen.

Spazieren Sie durch die mit Teichen und Pools geschmückte Stadt der Künste und Wissenschaften, lassen Sie sich von ihrer modernen Architektur inspirieren, bewundern Sie die futuristischen Gebäude und schauen Sie in das Kino, das Aquarium und das Prinz-Felipe-Wissenschaftsmuseum.

Machen Sie einen Spaziergang in den Gärten von Turia, zu Fuß oder mit dem Fahrrad, bewundern Sie die Landschaftsgestaltung, machen Sie ein Picknick auf dem Rasen oder treiben Sie Sport.

Bewundern Sie die Aussicht auf die Stadt von der Aussichtsplattform auf dem Glockenturm Miguelete, von wo aus Sie das historische Zentrum der Stadt, moderne Viertel, einige Sehenswürdigkeiten und sogar das Meer sehen können. Probieren Sie eine echte Paella in einem der lokalen Restaurants. Und wenn Sie sich während der heißen Jahreszeit in Valencia aufhalten, dann ist Horchata die Rettung vor dem Durst – ein köstliches Erfrischungsgetränk aus Milch von Chufa-Knollen (Erdmandeln) und Zucker. In der Orchateria, besondere Einrichtungen der Stadt, werden

Ihnen verschiedene Sorten dieses wunderbaren Getränks mit köstlichen Desserts angeboten.

Gehen Sie auf dem Zentralmarkt einkaufen, ein sehr farbenfroher und stimmungsvoller Ort, an dem alles so appetitlich aussieht, dass es einfach unmöglich ist, an den Ständen vorbeizugehen.

Schwimmen Sie im Mittelmeer, indem Sie zu einem der beliebten Strände gehen: Malvarrosa, Playa de Pinedo oder Playa del Saler. Nehmen Sie am Fallas-Festival teil, einem verrückten Fest, das eine Woche dauert und von der Explosion von Feuerwerkskörpern, Musik, Blumenopfern für die Jungfrau Maria und groß angelegten Paraden in wunderschönen Kleidern begleitet wird.

Planen Sie einen romantischen Spaziergang durch das nächtliche Valencia, das von Millionen von Lichtern beleuchtet wird und magisch aussieht.

Schlusswort

Wie viele andere Städte im impulsiven Spanien ist Valencia eine Stadt, die immer in Bewegung ist. Es lohnt sich auf jeden Fall, dort Urlaub zu machen und die Stadt kennenzulernen. Die Stadt eignet sich für jeden, der auf der Suche nach tollem Wetter und Entspannung ist oder einfach eine schöne Zeit mit seinen Liebsten verbringen möchte. Ich hoffe, Sie können etwas für sich aus diesem Buch mitnehmen und vielleicht werden Sie dem einen oder anderen Tipp folgen. Wenn Sie durch die sonnenbeschienenen Straßen und prächtigen Parks mit kühlen Springbrunnen und romantischen Bögen aus dem 18. Jahrhundert schlendern, werden Sie einfach nicht bemerken, wie die Zeit vergeht. Schließlich schenkt Valencia Glück, und Glück ist eins der wertvollsten Dinge auf dieser Welt.

Herstellung und Verlag:
BoD – Books on Demand, Norderstedt
ISBN: 9783756242955

1. Auflage
Kontakt: Psiana eCom UG/ Berumer Str. 44/ 26844 Jemgum
Covergestaltung: Fenna Larsson
Coverfoto: depositphotos.com

FSC

www.fsc.org

MIX

Papier aus ver-
antwortungsvollen
Quellen
Paper from
responsible sources

FSC® C105338